LA DOCTRINE

DE LA

NOVVELLE DEVOTION

CABALISTIQVE.

Composée

Des veritables maximes, que la Nouuelle Secte
[formée depuis peu dans Lyon par vn Barbier
eſtranger, natif du Conté de Bourgongue,
d'où il taſche de l'eſtendre aux enuirons au
grand dommage de la vraye & ancienne pieté,]
obſerue conſtamment, dans la practique & me-
thode qu'elle tient à conduire les ames, par
l'Oraiſon Mentale, apparemment à la perfe-
ction, mais en effet à la folie, ou du moins à
la ſimplicité, & à tirer à ſoy leur biens, dans la
bourſe qn'il pretend eſtre commune à tous.

*Le tout mis en forme de ſimple Poëſie, ſans
fiction, ou preiudice aucun de la verité, pour
la ſubſtance des choſes. Afin qu'il ſoit appris
plus aiſément & agreablement de ceux, qui
ont encore quelque ſoin de ne perdre ny leurs
ames, ny leur biens.*

SECONDE EDITION.

Ils ſe vendent en ruë Merciere, à l'Eſcu de Veniſe.

M. DC. LVI.

LA DOCTRINE
de la nouuelle deuotion Cabalistique.

LE DECALOGVE
de la nouuelle Deuotion.

1 VN seul Directeur aimeras
   Et le croiras aueuglement.
2 Tous tes pechez tu luy diras
   Quoy qu'il soit Barbier seulement.
3 Les Dimanches tu te rendras
   A saint Pierre fidellement.
4 Tes Instructeurs honoreras
   Afin qu'ils viuent longuement.
5 Chose aucune tu ne feras
   Sinon de leur consentement.
6 Femme & fille leur fieras
   Sans en auoir nul pensement.
7 De ton bien ne disposeras,
   Que selon leur commandement.

8 Pour la secte tu mentiras
  A bonne fin licitement.
9 Certains iours tu te contiendras
  Au mariage mesmement.
10 Des biens d'autruy tu ioüiras
  Comme eux des tiens communement.

LES COMMANDEMENS
de la nouuelle Coufraternité.

2 MEntale Oraison tu feras
  Tant iours festez que iours-ou-
2 Tous tes pechez confesseras   [urants.
  A ceux du party seulement.
3 Et ton Createur receuras
  Trois fois dans huict iours reiglément,
4 Lors œuure de chair ne feras,
  Ny Vendredy pareillement.
5 Iours de ieunes tu garderas   [Chose
  A demy mesme t'enyurant.   arriuée.]
6 Dans le party femme prendras
  Et chez les autres nullement.
7 Au Barbier Disme payeras
  Luy fiant ton bien pleinement.

NSTRVCTION AVX
Predicants de la Secte nouuelle.

Es maximes tu garderas
   De point en point exactement.
ssez matin Messe diras
   Pour déjeuner secrettement.
Vn bon boüillon aualleras
   Et deux jaunes d'œuf sobrement.
Apres quoy de mesme prendras
   Deux noix confittes seulement.
Cela fait tu ne manqueras
   De prescher courageusement.
Du Liure commun tireras
   Ce qu'il faut dire entierement.
Tous nos dogmes enseigneras
   Pour les idiots doctement.
Des doctes conte ne tiendras
   S'ils ne sont de ton sentiment;
Mais aux simples croire feras
   Qu'ils ont beaucoup d'entendement;
Par où leur persuaderas
   De faire Oraison hardiment.
L'Esprit de Dieu tu leur diras,
   Aimer les Simples seulement.
A tes Auditeurs promettras
   De viure en santé longuement.

A 3

De tous biens les asseureras,
Et du Ciel infailliblement.
Soubmission d'eux requerras,
D'esprit & de corps mesmement.
Biens en commun sonner feras,
Pour se sauuer asseurément.
Ce point tu recommanderas,
Comme le grand comandement.
De la part de Dieu promettras ;
Tout pour total delaissement,
Parfaite Oraison iureras,
Suiure cét abandonnement.
Le Ciel pour Terre donneras
Comme doit faire bon Marchand.
Vicaire, & Curé blasmeras,
En secret & publiquement ;
Excepté ceux que tu verras,
S'accorder à ton sentiment.
De ceux-cy tu te seruiras,
Pour te prosner iournellement.
Mentale Oraison loüeras
Comme onziéme commandement.
La Vocale reprouueras
Comme vn petit amusement.
Petit Office deffendras,
Et Chapelet également.
Gagne-petit l'appelleras,
Qui n'est bon que pour vn Enfant.

A toutes les femmes diras,
    Comme à tous hommes hardiment,
Que le Ciel tu leur fermeras,
    S'ils n'obeïssent humblement.
D'enfer tu les menaceras,
    S'ils ne font tout aueuglement.
Leur Couche leur interdiras,
    Pour aller au saint Sacrement.
A quoy tu les obligeras
    A ton gré plus ou moins souuent.
Et fortement prohiberas
    D'en vser iamais autrement.
Apres toy Liures porteras,
    Pour en vendre à denier content.
Et sur vn châcun gaigneras,
    Plus que ne feroit vn Marchand
Car tout le lucre qu'y feras;
    Se fait pour Dieu licitement.
La bourse commune enfleras,
    De tout gain indifferemment.
Plus de biens y ramasseras,
    Meilleur sera ton traittement.
Au Bruno vogue donneras,
    Vers les plus despourueus d'argent.
L'Introduction loüeras
    Aux femmes principalement.
Mais les Thoniels tu mettras
    A deux doigts pres du Firmament.

A tout propos tu chanteras,
    Que c'est vn Docteur eminent;
Mais pour l'Oraison tu diras,
    Qu'il n'en est point de plus sçauant.
Autre que toy ne permettras,
    En debiter publiquement.
Et ton gain ne partageras;
    Auec aucun autre Marchand.
Comme vn fol tu descrieras;
    Si quelqu'vn d'en vendre entreprent.
Nul billet tu ne donneras,
    Qu'à ceux du party nommément;
Les autres tu ne permettras,
    S'en pouruoir que chez ton Ageant.
Ny le Libraire nommeras,
    Qui nous les vend vniquement.
Par puissance tu chasseras,
    Qui les reuendroit autrement.
    Trauaillant tu conserueras
    Ta santé fort soigneusement.
Trois heures tu confesseras
    Apres quoy pas vn seul moment.
Le restant congedieras;
    Quoy qu'il t'en coniure instamment.
Châque semaine vn iour prendras;
    Pour te reposer doucement.
Et ton embom-point ne perdras
    Pour te donner trop de tourment.

Au sortir de la chaire iras,
  Te faire secher promptement.
Vn bon feu te procureras ;
  Pour empescher l'enrouëment.
Deux Deuotes tu meneras
  Pour te frotter soigneusement.
Mais pour l'exemple tu feras,
  Que le tout soit secretement.
Ce faisant tu reformeras
  L'Eglise Apostoliquement.
Et dans peu de temps luy rendras,
  Son lustre & premier ornement.
Des champs à la ville viendras
  Plein comme vn œuf fait fraischement
Sur ton cheual tu porteras.
  Du temporel abondamment.
Dans l'ame tu tesmoigneras,
  Rapporter grand contentement.
Si tu veux, alors escriras,
  Liures de grand emolument.
Et iustement te signeras
  De l'Amour diuin l'Instrument.

INSTRVCTION DV DIRECTEVR
General aux Femmes mariées de la Caballe.

DE bon matin te leueras
A la mesme heure reglement.
Au Galatas tu monteras
Pour mediter plus hautement.
Ta Famille y recueilliras,
Sans souffrir qu'aucun soit absent.
Mais en peine ne te mettras,
Si quelqu'vn medite en dormant.
De ce lieu tu ne bougeras,
Que le temps coulé pleinement.
De là pour rien ne sortiras,
Quand il presseroit grandement.
Ton Oraison n'interrompras,
Quelque cause le demandant.
Beaucoup moins du tout l'obmettras,
Pour ne pecher mortellement.
Quand vn des tiens reconnoistras,
Parler contre ce document,
De ta maison le chasseras,
Comme du Demon l'Instrument.
Les Pedagogues receuras
Veu mon billet tant seulement.
Aueuglement tu les prendras,
Comme enuoyé du Firmament.

e luy les points écouteras,
  Soir & matin en te leuant.
Mesme respect tu luy rendras,
  Comme à moy personnellement.
ans ta maison rien ne feras
  Sans consulter mon Lieutenant ;
Et plus mal ne le traitteras
  Que s'il estoit ton propre Enfant.
A ton Mary n'obeiras,
  Qu'à ta volonté seulement.
Cependant tu trauailleras,
  De le posseder pleinement ;
Du mariage luy diras,
  Que c'est certes vn Sacrement,
Mais par addresse tascheras
  De l'en dégouter doucement.
L'Oraison tu luy prescheras,
  Comme vn plaisir plus innocent.
Le Deuoir luy refuseras,
  Sur l'accez du saint Sacrement.
Le mesme aux Festes tu feras,
  Pour les chaumer plus saintement.
Par là tu le degouteras,
  Et n'auras de luy plus d'Enfant.
Ceux que desia possible auras,
  S'ils sont Enfans tant seulement ;
En pension tu les mettras,
  A beau conte en mon logement ;

Et plus ne t'en soucieras,
   Mais de prier vniquement.
A moy tu t'en rapporteras,
   I'en auray soin fidelement.
S'ils sont grands, tu commenceras
   D'agir imperieusement ;
Pleine authorité tu prendras,
   Pour les conduire absolument ;
Aux miens tu les obligeras
   De se confesser reglement ;
Et tu les desheriteras,
   S'ils ne le font exactement.
Le mesme aux Seruiteurs diras,
   Et Seruantes pareillement.
Puis ton Mary tu rangeras,
   Par pieté subtilement :
De l'enfer souuent parleras
   Pour luy troubler l'entendement ;
Comme toy le disposeras,
   A suiure nostre reglement.
Ta maison à Dieu gagneras,
   Si i'en suis maistre absolument.
Cela fait les clefs saisiras,
   Du Cabinet & de l'argent ;
De tous les biens disposeras,
   Par la Clef de ce Document,
Auec l'Oraison tu feras,
   Plus qu'on ne fait communement.

Coffre

offre & cabinet ouuriras,
    Et non pas le Ciel seulement.
ais ingrate tu ne seras,
    A ton Directeur bien-faisant.
Par qui chez toy gouuerneras,
    Biens, & Mary pareillement.
A moy donc tu te soumettras,
    Pour ta conduitte entierement.
Iusqu'à la mort tu regneras,
    Si ie te dresse vniquement.
Ta maison commune rendras,
    A tous ceux de mon Regiment.
Ton argent propre ne diras,
    Mais le tiendras indifferent.
Plus volontiers le donneras,
    Au plus petit commandement,
Que pour t'enrichir ne prendras,
    Ce qui t'est dû bien iustement.
Chez moy Tribut apporteras,
    Preuue de ton destachement.
Chemises, linceuls donneras,
    Pour vestir mes gens du Leuant.
L'argent mesme n'espargneras,
    Sans esperer remboursement.
Car à grand honneur tu tiendras,
    De fournir à ce qu'on pretend.
Aucune aumosne ne feras
    Aux Capucins absolument.

B

Hermite, & Moine escarteras,
   Par vn, Dieu vous doin, seulement,
Iusques à ce que tu sçauras
   Qu'ils parlent de nous autrement.
Les Iesuites fuïras
   Comme ie les crains grandement.
De mes secrets ne leur diras,
   Pas mesme le plus innocent.
Pour cela seul, tu les craindras,
   Qu'ils me veulent mettre à neant.
AV grand Directeur tu feras
   Ta confession sechement.
Tous tes pechez tu luy diras
   A l'oreille confidemment.
De tout dire, rien ne craindras,
   Pour ton meilleur gouuernement.
Et baiser de paix receuras,
   Comme seau de ce Sacrement.
Continence tu garderas
   Auec ton mary frequemment.
Et pour ce faire te mettras
   Dedans vn sac separément.   { Chose conseillée & pratti-quée.
NVL domestique ne prendras
   Que de nostre main seulement.
D'Artisan ne te seruiras,
   Qui ne soit de nostre element.
Bien moins les tiens allieras,
   A qui de mediter n'apprend.

Vis au reste ainsi que voudras
En obseruant ce Reglement.
out droit au Ciel tu t'en iras
N'en doute, Mie, asseurement.
Apres la mort y monteras
Beaucoup plus viste que le vent.
Mais reprouuée tu seras,
Si tu ne gardes ton serment.

CHANSON NOVVELLE
DE LA
BOVTIQVE BARBIFIQVE,

Sur l'Air, *Ah Friponne, ah Coquine.*

Ien çà ma Musette
De long-temps tu n'as chanté.
Ne sois pas muette
our la Confraternité.
Vn venerable Ouurier
Implore ton mestier
l'honneur de sa Boutique
Barbifique, Barbifique,
Car c'est vn Barbier.

Suy donc le ménage
D'vn si celebre Artisan
pprens-nous l'vsage
Qu'il en sçait faire à present.

Tant de diuers Outils,
Si nets & si gentils,
N'estant plus vne Boutique
Barbifique, Barbifique;
   A quoy seruent-ils?

Tout change d'vsage
Les Outils les plus cruels;
Rasoir & Bandage
Deuiennent spirituels.
   Sainte Conuersion
   A depuis peu, dit-on,
Sçu faire d'vne Boutique
Mechanique, Mechanique;
   Maison d'Oraison.

LE RASOIR.

Le Fer Barbifique
Sçauant à raser menton,
Aime qu'on l'applique
A faire autre section.
   Le tranchant aceré
   D'vn empire adoré
Rompt le nœud du Mariage
Sans veufuage, sans veufaage,
   Du Ciel reueré.

LA LANCETTE.

Cette pointe aiguë
Qui tiroit le sang du corps
Deuient la Sangsuë
Dont on saigne les Thresors;
   Car celuy qui n'a rien
   Qu'il puisse dire sien
Porte iusqu'à la Layette
La Lancette, la Lancette,
   Pour auoir du bien?

LE BISTORI.

Mais à ce miracle
Qui de vous n'aura pas ry
Qu'vn nouuel Oracle
Perce tout d'vn Biſtori.
  Il ouure Bourſe & cœur
  Comm' Apoſtheme meur ;
D'où comme pus il retire
Par empire, par empire
  Vn fonds de bon-heur.

LA SONDE.

  Ce n'eſt qu'à la Pierre
Qu'on ordonne de ſonder.
Ce Barbier empierre
Qui pretend le ſeconder.
  La nouuelle Oraiſon
  Qui fait perdre raiſon
Veut qu'en vertu de la Sonde
Tout ſe fonde, Tout ſe fonde
  Dans vne maiſon.

LES PINCETTES.

Sans faire la Taille
Par cruelle inciſion,
Il met à la Taille
Son Aſſociation.
  Sans Tenailles il prend,
  Et iamais il ne rend ;
S'il porte dans les Caſſettes
Les Pincettes, Les Pincettes
  Pour happer l'argent.

LE COSTIC.

Cette Pierre ardente
Qui nous brûle ſans douleur,
D'Oraiſon feruente
eſſemble à la ſainte Ardeur.
  L'vne oſte ſentiment

Et l'autre Entendement,
Pendant qu'vn Barbier applique
Sans replique, sans replique
L'Onguent de Tiran.

LE BOETIER.

La Boëtte partie
En carrets bien prattiquez,
Ne se voit remplie
Que d'Onguents sophistiquez.
Femmes & Villageois
Ignorants du Narquois,
Sont pris sans addresse ou force
A l'amorce, à l'amorce
D'vn Barbier Contois.

LE PEIGNE.

De plus, à son Peigne
Armé de dents & cornu,
On dit qu'il enseigne
Vn Employ bien inconnu.
Il ajuste les mœurs
Des petits Directeurs;
Mais ce Peigne écorche & blesse
La richesse, la richesse
De ses Sectateurs,

LES CISEAVX.

Ce nouueau ménage
Qui veut que tout ne soit qu'vn,
Fait vn autre vsage
De ses Ciseaux en commun.
Il trenche auec vn mot
Iusqu'à la chair du pot;
Et tout ce qu'il dit s'obserue
Sans reserue, sans réserue
De tous aussi-tost.

LA SAVONETTE.

Il fait l'ame nette

De tous ses plus confidents,
Par la Sauonnette
Qui laue ses penitents:
  Mais l'esprit deceuant
  Passe bien plus auant,
Car il dégraisse la Bourse
Sans resource, sans resource
    Qu'il remplit de vent.

LE RELEVE-MOVSTACHE.

  Pour donner courage
  A l'esprit qui depuis peu,
Est hors du village
Où iamais bien n'a repû
  Apres que le Rasoir
  A bien fait son deuoir;
Il fait pendant qu'on le cache
La Moustache, la Moustache
    Puis il le fait voir.

LES VERGETTES.

  Ses Suppots fidelles
Pour la pluspart des Oysons
Remplument leurs aisles
Ne viuants que d'Oraisons;
  Ils sortent du debris,
  On les voit Noirs de Gris,
Et tant iours ouuriers que festes
Les Vergettes, les Vergettes
    Grattent leurs habits.

LA BROSSE.

  Or comme leur teste
Qu'on destine aux grands emplois,
Pour leuer la creste
Est crasseuse en villageois,
  D'abord vn bon Frater
  Par l'ordre du Pater,
Prend dans vn tiroir la Brosse

Rude & grosse, Rude & grosse
  Pour les en frotter.

LE FRISOIR.

  Mais ces testes viles
Sans science & sans vertu,
Seroient inutiles
A ce grand corps pretendu,
  Si faute du dedans
  Les Dehors euidents
N'ont vne mine ajustée
Et frisée, & frisée,
  Sous les fers ardents.

LE FROTTOIR.

  Si parmy la peine
D'vne longue Mission
L'Ouurier perd haleine
Dans la Predication;
  Crainte de se tuër
  Pour se trop remuër
Vne Suiuante Deuote
Seche & frotte, seche & frotte
  S'il vient à suer.

L'EMPLASTRE.

  D'ailleurs cette Secte
Ayant de Principes faux
Ainsi qu'vn Insecte
Tout composé de defauts;
  Ne voulant les guerir
  Mais les faire courir,
Il faut employer l'Emplastre
Et le plastre, Et le plastre
  Pour nous les couurir.

LES VENTOVSES.

  La Race est petite
Et de taille à remper bas,
Le Chef en dépite

Car il ne le pretend pas.
Il pouſſe donc auant
Cet Inſecte bauant,
Et par la Ventouſe ſeche
Quand il preſche, quand il preſche,
Il l'enfle de vent.

LE MIROIR.

Mais les Femmelettes
Dans ce Miroir enchanté,
Sans prendre Luſttes
Prennent toutes de beauté.
Et ce Charme trompeur
Qui les flatte d'erreur,
Les fait voir pleines de grace;
Mais en glace, mais en glace
Git tout leur bon-heur.

LE BASSIN.

Les Femmes raſées
Sans le trauail du Barbier,
Par belles menées
Vont à foule à cet Ouurier.
Mais il n'eſt pas mal fin
Car viſant à ſa fin,
Les prend au col pour les faire
En priere, en priere
Cracher au Baſſin.

LE BANDAGE.

Si la procedure
De ce nouueau Directeur,
Fait quelque rupture
D'vn delire par mal-heur.
Il n'en a plus de ſoin
Puis qu'il n'eſpere point
De le pouuoir par Bandage
Faire ſage, faire ſage
Comme il a beſoin.

A tant ma Musette
Sur vn air harmonieux,
Dit à son Poëte
Les points les plus curieux.
Le Barbier & ses Gents
En bien peu de moments
Pourront voir icy la Liste
Creteniste, Creteniste
De leurs Instruments.

Aux Dames de l'Oraison.

Faite au Puy, & se chante par tout.

1. A La minuit se coucher d'ordinaire,
   Apres auoir ensemble fait grand chere,
Beu des santés & fait le réueillon,
Est-ce le fruit qu'apporte l'Oraison ?

   2. On fait intrigue, on caiole, on se moque,
Le double sens nullement ne vous choque,
Vous en riez, & le trouuez fort bon,
Est-ce le fruit qu'apporte l'Oraison ?

   3. Vous vous piqués d'vne belle conqueste
Et tous les soirs vous les passez en feste,
Vous épuisez le sçauoir de Crepon, | C'est le meil-
Est-ce le fruit, &c. | leur Pastissier

   4. Le Directeur vous presche penitence, (du Puy.
Monsieur Tenant en crie à toute outrance,
Pourtant tousieurs on vit de la façon
Est-ce le fruit, &c.

   5. Vous accordez de si belle maniere
Le Monde, Dieu, le Plaisir, la Priere,
Qu'il n'en est point de si bon Compagnon,
Qui ne voulut ainsi faire Oraison?

   6. Ie Pourrois bien dire quelque autre chose.
Mais par respect ie me tais, ou ie n'oze :
Car ie veux croire apres cette leçon,
Que vous ferez vn peu mieux l'Oraison.

SI quelqu'vn eſt curieux d'auoir vne plus gran-de lumiere ſur les points de prattique qũi ne ſont que touchez & indiquez pluſtôt qu'expli-quez & prouuez dans cette Introduction; il pour-ra voir quelques autres petits Traittez qui ne ſont encore qu'eſcrits & qui ſont entre les mains de ceux qui ont deſiré d'auoir vne plus parfaitte connoiſſance du procedé de la Caballe, par leurs actions particulieres. Comme ſont

1. L'*Entreueuë & la Conference des Hermites de Beaunan, & du Mont Cindre,* voiſins de Lyon.

2. *Les Rapports* d'vne Extreme Oppoſition dans la choſe, nonobſtant l'Affinité des Noms du *Cretenіſme*, & du *Chriſtianiſme*, rangez en deux colomnes par Theſes, & Antitheſes.

3. *Les Rapports* de Reſſemblance, entre les Illu-minez d'Eſpagne qui parurent l'an 1623. à Seuil-le & Cadis, dont les Autheurs y furent bruſlez : & les Illuminez de Lyon en ce temps par les Pro-poſitions de ceux-là, & les Prattiques, & Actions de ceux-cy, oppoſées, & confrontées en deux colomnes.

4. L'*Apologie de la Nouuelle Caballe*, où il eſt reſpondu aux principales accuſations dont on la charge.

5. La docte, & iugenieuſe *Lettre* d'vn venera-ble Chanoine de Sainct Iuſt, à vn des Meſſieurs de Sorbonne ſur le ſubjet des nouueaux Illumi-néz de Lyon.

6. L'*Addreſſe methodique pour Decreteniſer vn eſprit* & détacher de ce corps vn membre, qui n'eſt ny enſorcellé, ny tout à fait encore dépour-ueu de raiſon. Attendant vne plus ample declara-tion du tout, dans l'*Oeuure Burleſque* d
e la

Boutique Barbifique du Cretenifme, & dans le Serieux de l'*Anatomie* ou *Diffection de la Nouuelle Caballe*, fous le pretexte fpecieux de l'Oraifon Mentale, partagée en trois fections, dont la premiere traitte & prouue par raifon & par exemples vne douzaine de fes maximes principales. La 2. explique de mefme le Secret & la fin où vife la Caballe, qui eftant la premiere dans le deffein, qui eft l'ordre de la pretenfion, ne paroiftra neantmoins que la derniere en effet dans l'ordre de l'execution, quand le mal fera plus fort, que le remede. La troifiéme, traitera de l'Efprit de la Caballe, qui agit, & meut diuerfement tout le Corps, felon les diuers vfages qu'il fait de fes membres differents, pour abboutir & arriuer au but où tout cét appareil confpire d'vne haleine.

F I N.